NIVEL
2

Las Abejas

Laura Marsh

NATIONAL
GEOGRAPHIC

Washington, D.C.

Para Tracy, amiga, docente, y apicultora —L. F. M.

Publicado por National Geographic Partners, LLC, Washington, D.C. 20036.

Diseñado por YAY! Design

Libro en rústica ISBN: 978-1-4263-3732-1
Encuadernación de biblioteca reforzada ISBN: 978-1-4263-3733-8

La editorial y la autora agradecen la revisión experta del contenido de este libro hecha por Marla Spivak, PhD, MacArthur Fellow y Distinguished McKnight Professor de Entomología, Universidad de Minnesota, y la revisión literaria del libro hecha por Mariam Jean Dreher, profesora de Educación en Lectura, Universidad de Maryland, College Park.

Las abejas melíferas están en peligro, y sus colonias se están colapsando. Los científicos creen que factores importantes incluyen el uso de pesticidas, la infestación de ácaros, las enfermedades y, en gran medida, la pérdida de hábitats florecientes. Para saber más y aprender cómo ayudar a las abejas, pídele a un adulto entrar en el sitio thehoneybeeconservancy.org.

National Geographic apoya a los educadores K-12 con Recursos del ELA Common Core. Visita natgeoed.org/commoncore para más información.

Impreso en los Estados Unidos de América
20/WOR/1

Créditos fotográficos

Tapa, Michael Durham/Minden Pictures; 1, light poet/Shutterstock; 3 (TODOS), Vinicius Tupinamba/Shutterstock; 4-5, szefei/Shutterstock; 6 (CENTRO IZQUIERDA), sauletas/Shutterstock; 6 (ABAJO), Dionisvera/Shutterstock; 6 (CENTRO DERECHA), HLPhoto/Shutterstock; 7 (ARRIBA), Tinydevil/Shutterstock; 7 (ABAJO), Aleksey Troshin/Shutterstock; 8 (ABAJO), Darlyne A. Murawski/National Geographic Creative; 9, Brian Stablyk/Getty Images; 10 (IZQUIERDA), Paul Starosta/Corbis; 10 (CENTRO), Heidi & Hans-Juergen Koch/Corbis; 11 (ARRIBA), Ariel Bravy/Shutterstock; 12 (ARRIBA), alslutsky/Shutterstock; 12 (CENTRO DERECHA), Werner Forman/Universal Images Group/Getty Images; 12 (ABAJO IZQUIERDA), Maxal Tamor/Shutterstock; 13 (ARRIBA DERECHA), djgis/Shutterstock; 13 (CENTRO IZQUIERDO), Redmond Durrell/Alamy; 13 (CENTRO DERECHA), John Burke/Getty Images; 13 (ABAJO IZQUIERDA), Vorobyeva/Shutterstock; 14, Pairoj Sroyngern/Shutterstock; 15, Yuri Kravchenko/Alamy; 16, Ed Phillips/Shutterstock; 18-19 (DERECHA), taraki/Shutterstock; 19 (CENTRO), Harry Rogers/Science Source; 20, Cordelia Molloy/Science Source; 21 (ARRIBA IZQUIERDA), Eduardo Ramirez Sanchez/Shutterstock; 21 (CENTRO), Andrey_Kuzmin/Shutterstock; 22 (ARRIBA IZQUIERDA), Paul Starosta/Corbis; 22-23 (ARRIBA), NinaHenry/iStock.com; 23 (ARRIBA DERECHA), Eric Tourneret/Visuals Unlimited/Corbis; 23 (ABAJO), LSkywalker/Shutterstock; 24-25, Steve Hopkin/Getty Images; 26-27, Solvin Zankl/Nature Picture Library; 28 (CENTRO), Christian Kober/Getty Images; 29, Vinicius Tupinamba/Shutterstock; 30 (ARRIBA DERECHA), George D. Lepp/Science Source; 30 (CENTRO IZQUIERDA), Darlyne A. Murawski/National Geographic Image Collection; 30 (ABAJO IZQUIERDA), taraki/Shutterstock; 30 (ABAJO DERECHA), Ed Phillips/Shutterstock; 31 (ARRIBA IZQUIERDA), Nikola Spasenoski/Shutterstock; 31 (CENTRO DERECHA), Karl Gehring/The Denver Post/Getty Images; 31 (CENTRO IZQUIERDA), Arne Dedert/dpa/Corbis; 31 (ABAJO DERECHA), Uwe Anspach/Corbis; 32 (ARRIBA IZQUIERDA), Harry Rogers/Science Source; 32 (ARRIBA DERECHA), StudioSmart/Shutterstock; 32 (CENTRO IZQUIERDA), Jimmy phu Huynh/Shutterstock; 32 (CENTRO DERECHA), MMCez/Shutterstock; 32 (ABAJO IZQUIERDA), Howard Sandler/Shutterstock; 32 (ABAJO DERECHA), Bernard Castelein/Nature Picture Library; borde superior, Ramona Kaulitzki/Shutterstock; arte de vocabulario, elenka_a/Shutterstock

Tabla de contenidos

Buzzzzzzz

Afuera brilla el sol.

Las flores florecen.

Y las abejas zumban.

Hay personas que ven abejas y salen corriendo. Otras personas ni siquiera las ven. Pero detengámonos a observarlas con atención. Las abejas son útiles. ¡Nuestro mundo las necesita!

Abejas útiles

Las abejas son útiles para los seres humanos y para las plantas. Las abejas melíferas hacen miel y cera. Estos productos nos sirven para muchas cosas.

La cera de abejas se usa para hacer velas y productos de limpieza.

La miel es dulce y deliciosa.

Una abeja se posa sobre una planta de fresa.

Todas las abejas ayudan a las plantas a producir semillas. Esas semillas pueden convertirse en plantas nuevas. Algunas de esas plantas nos dan frutas y verduras. Gracias a las abejas tenemos fresas, manzanas, almendras, tomates y muchos otros alimentos.

El poder del polen

Cuando una abeja se posa sobre una flor, queda cubierta del polen de la flor. El polen se pega a los pelitos que la abeja tiene en el cuerpo.

Esta abeja tiene polen en todo el cuerpo.

8

Cuando la abeja vuela a otra flor, parte del polen que lleva en el cuerpo cae sobre la nueva flor. Esto se llama polinización. Ahora la otra flor puede comenzar a producir semillas.

Las patas de la abeja tienen pelos especiales que forman una canasta. La abeja cepilla el polen para meterlo en esa canasta. Después regresa a la colmena. Con ese polen se alimentan las abejas bebé.

Estas canastas están llenas de polen. Solo las abejas hembra tienen canastas de polen.

canasta de polen vacía

Un abejorro saca la lengua.

Las abejas también recolectan néctar de las flores. Beben el néctar con la lengua. Algunas abejas usan el néctar para hacer miel. Estas abejas se llaman "abejas melíferas."

Vocabulario

NÉCTAR: Jugo dulce y azucarado que producen las flores

7 DATOS GENIALES
sobre las abejas

1

El gran abejorro jardinero tiene una lengua tan larga como su cuerpo.

Los seres humanos han recolectado miel de abejas desde el año 6000 A.C.

2

3

Las abejas tienen cuatro alas: dos alas grandes y dos alas pequeñas.

4

Las abejas pueden ver los colores. Prefieren las flores de color azul, morado o amarillo.

5

Los agricultores a menudo contratan criadores de abejas para que lleven abejas a sus campos. Las abejas polinizan los cultivos de los agricultores.

Las abejas melíferas hacen una danza llamada "danza con meneo." Los científicos creen que esta danza sirve para indicar a las demás abejas de la colmena dónde está el mejor néctar.

6

7

Aproximadamente un tercio de los alimentos del mundo se obtienen gracias a la polinización de las abejas.

¿Es abeja o no es abeja?

Es fácil confundir las abejas con otros insectos. A veces, se parecen mucho.

Abeja

Tiene el cuerpo lleno de pelos que le sirven para recolectar el polen.

Come néctar y polen de las flores.

Si es hembra, tiene canastas de polen.

Pero hay maneras de distinguirlos. Observa con atención la abeja y la avispa chaqueta amarilla (que no es una abeja). ¿Notas las diferencias?

Avispa chaqueta amarilla

Es carnívora y en general come otros insectos.

No tiene mucho pelo.

No tiene canastas de polen.

Un mundo de abejas

La mayoría de las abejas son abejas solitarias.

En la Tierra existen 20.000 tipos de abejas, aproximadamente. Las abejas se dividen en dos grandes grupos: solitarias y sociales.

La abeja solitaria hace un nido para sus crías. Anida en un agujero en el suelo, en la madera, en las paredes o en los tallos de las plantas. Las abejas solitarias recolectan polen, pero no producen miel ni cera.

Las abejas sociales viven con muchas otras abejas. Un grupo de abejas sociales es una colonia. Una colonia de abejas vive en una colmena.

Las abejas melíferas son un tipo de abeja social. En una sola colmena viven hasta 50.000 abejas melíferas. En la colmena, las abejas cuidan a sus crías. Allí también producen y almacenan miel.

Vocabulario

COLMENA: Espacio abierto en el interior de un árbol, una estructura o una caja, donde conviven las abejas sociales

colmena de abejas melíferas

19

Hogar, dulce hogar

Dentro de la colmena, las abejas usan la cera para construir. Moldean la cera en figuras de seis lados llamadas celdas. Muchas celdas juntas forman un panal.

En algunas de las celdas, las abejas colocan
néctar de flores. A medida que el néctar
se hace más espeso, se convierte en miel.
Las abejas usan la miel para alimentarse.

En cada celda hay un solo huevo.

Las abejas adultas alimentan y cuidan a las crías.

Otras celdas de la colmena contienen huevos de abeja. En cada celda hay un solo huevo. De los huevos salen crías de abeja. Estas crecen y cambian. Después de 21 a 24 días, se convierten en abejas adultas.

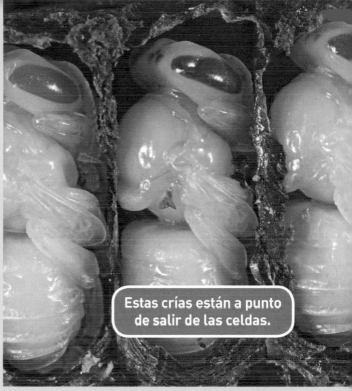

Estas crías están a punto de salir de las celdas.

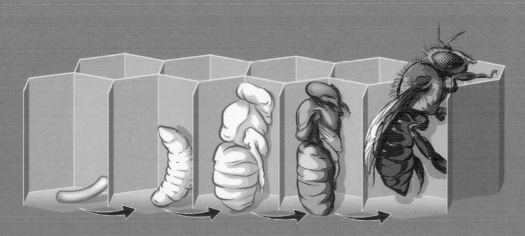

La abeja pasa de huevo a adulto en más o menos tres semanas.

Cada abeja a su trabajo

Cada abeja de la colonia tiene un trabajo específico. Estas tareas mantienen la salud y la fortaleza de la colonia.

En la colonia hay una sola abeja reina. La reina es más grande que las demás abejas. Pone todos los huevos … ¡hasta 1.500 por día!

Abeja reina rodeada de abejas obreras. La reina es la abeja más grande, en el medio de las demás.

En la colonia hay otros dos tipos de abejas.

Esta abeja obrera está recolectando polen.

Los zánganos son las abejas macho.
Su tarea consiste en ayudar a la reina
a hacer los huevos.

Las abejas obreras son hembras y
realizan muchos trabajos. Alimentan
a la reina y cuidan a las crías.
Construyen la colmena y hacen la
miel. Recorren largas distancias para
recolectar polen y néctar. También
protegen la colmena de ataques de
enemigos. ¡No paran de trabajar!

La crianza de abejas

Los criadores de abejas usan trajes especiales para protegerse de las picaduras.

Los criadores de abejas construyen colmenas de abejas melíferas en cajas de madera. Cuidan las colmenas y extraen la miel.

Los criadores de abejas también revisan las colmenas para mantenerlas saludables. Saben que las abejas son muy importantes para nuestro mundo.

Ojo con la abeja

Consejos para mantenerte a salvo cuando estés cerca de las abejas:

- Muévete lentamente. No agites los brazos ni saltes de un lado a otro. La abeja pica cuando cree que la atacan.

- Si se te acerca una abeja, quédate quieto o aléjate lentamente.

- No intentes espantar a la abeja. Deja que se aleje sola.

- No perturbes los nidos ni las colmenas de las abejas. Las abejas defienden su hogar y pican a los atacantes.

- Si te pica una abeja, coloca hielo sobre la picadura.

- Si dejas a las abejas en paz, es probable que las abejas te dejen en paz a ti también.

Prueba en un zumbido

¿Cuánto sabes sobre las abejas? Después de leer este libro, es probable que sepas mucho. Haz la prueba y descúbrelo.
Las respuestas están al pie de la página 31.

1

¿Qué hacen las abejas melíferas en la colmena?

A. conviven con otras abejas
B. cuidan a las crías
C. producen y almacenan miel
D. todo lo anterior

2

¿Qué es el polen?

A. un tipo de abeja
B. un polvo que producen las flores
C. un tipo de planta
D. un lugar donde viven las abejas

Las abejas sociales viven _____.

A. con otras abejas
B. solas
C. con hormigas
D. con avispas

3

4

Las abejas son útiles porque
_____.

A. producen miel
B. ayudan a las plantas a producir semillas
C. hacen cera
D. todo lo anterior

5

En la colonia hay un solo ejemplar de esta abeja.

A. zángano
B. obrera
C. reina
D. celda

6

¿Cómo se llama la danza de las abejas melíferas?

A. danza con meneo
B. danza con jaleo
C. danza de las flores
D. danza del pollo

7

¿Qué hace la abeja con su larga lengua?

A. mete el polen en canastas
B. bebe el néctar de las flores
C. atrae a la reina
D. se la saca a otras abejas

ABEJAS SOCIALES: Abejas que viven en grupo

ABEJAS SOLITARIAS: Abejas que viven solas

COLMENA: Espacio abierto en el interior de un árbol, una estructura o una caja, donde conviven las abejas sociales

NÉCTAR: Jugo dulce y azucarado que producen las flores

PANAL: Plancha de celdas de seis lados hecha con cera de abejas

POLEN: Polvo amarillo y pegajoso que producen las flores